Einsterns Schwester

leicht gemacht

Projektheft

Leonardo da Vinci

Herausgegeben von
Roland Bauer, Jutta Maurach

Erarbeitet von
Annette Schumpp

Cornelsen

Inhaltsverzeichnis

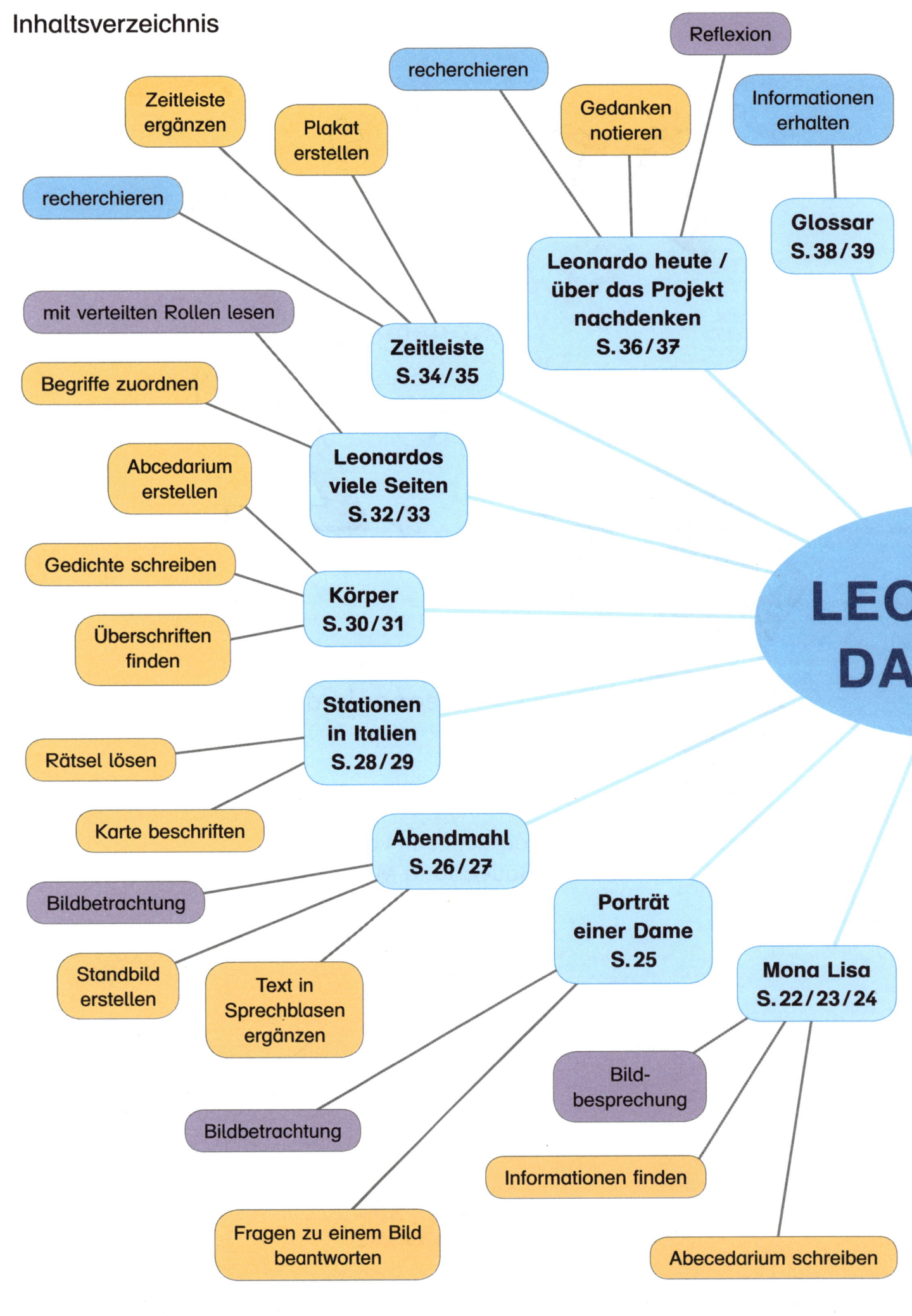

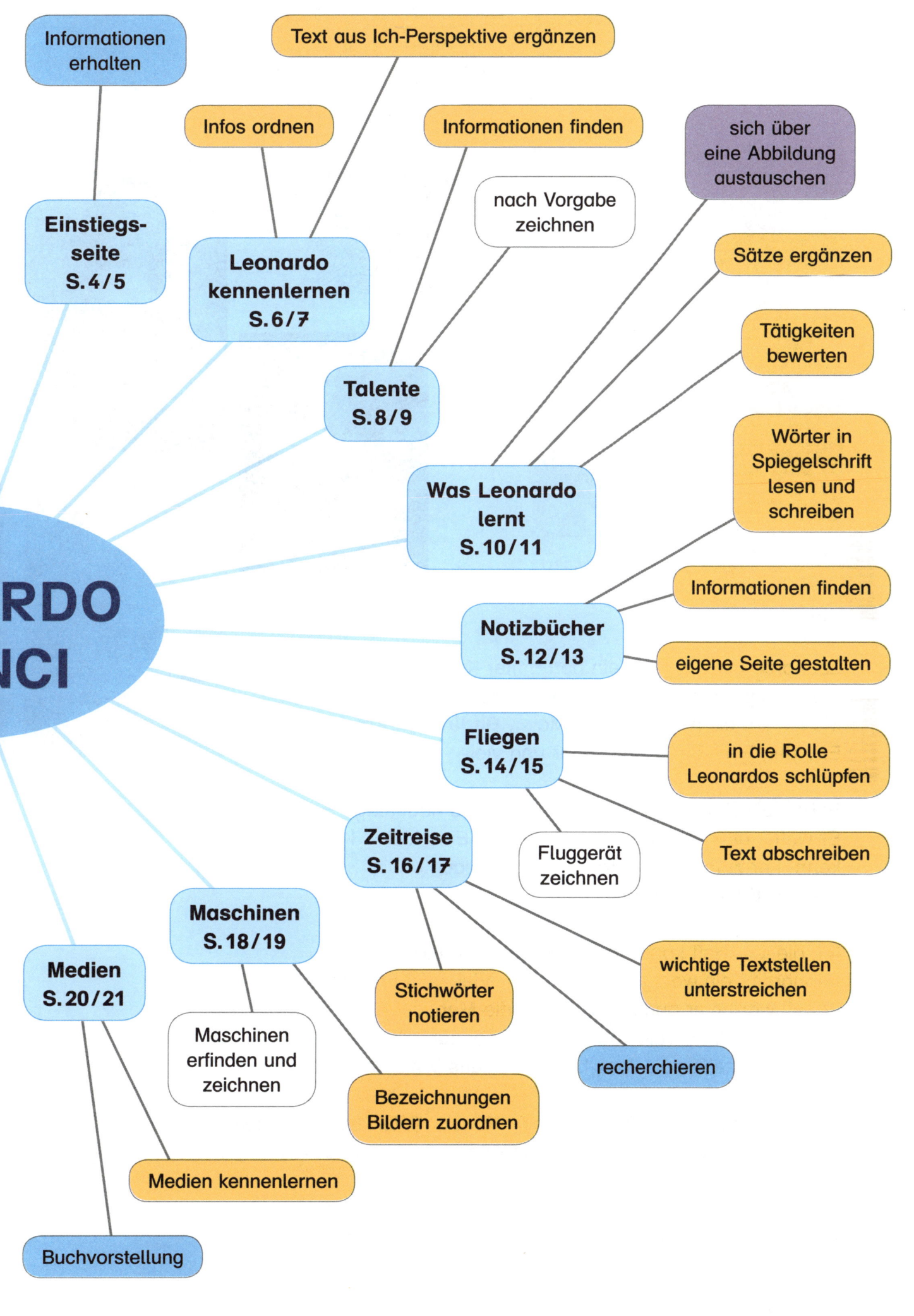

Leonardo da Vinci – warum?

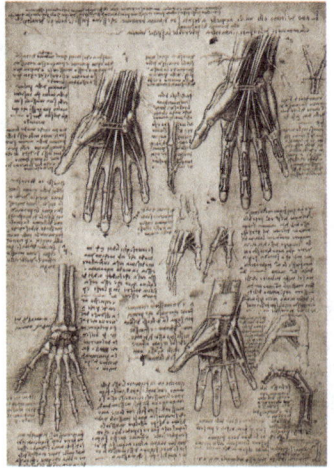

Leonardo da Vinci war ein berühmter Künstler und Erfinder. Obwohl er schon 500 Jahre tot ist, bewundern ihn die Menschen bis heute. Er war Maler, **Bildhauer**, Zeichner, Erfinder, Forscher, Baumeister und vieles mehr.

Schon als Kind war Leonardo besonders neugierig. Er wollte alles erforschen und wissen. Eine kleine Katze konnte er zum Beispiel lange Zeit beobachten. Sie war für ihn ein Kunstwerk.

Mit diesem Heft könnt ihr das Leben und die Arbeit Leonardos ein wenig kennenlernen. Vielleicht merkt ihr dabei, warum er auch heute noch die Menschen begeistert. Wir werden ihn in diesem Heft nur „Leonardo" nennen. „Da Vinci" heißt nur, dass Leonardo „aus Vinci" kommt.

Am Ende des Heftes findet ihr ein **Glossar** (Wörterverzeichnis). Hier werden die Wörter, die auf den Seiten **lila gedruckt sind**, erklärt.

Für eure Arbeit wünschen wir euch die Neugier und die Begeisterung Leonardos, viele Ideen und Ausdauer.

Und so geht es:

- in Büchern und im Internet forschen (recherchieren)
- im Inhaltsverzeichnis und auf den Seiten lesen
- Klassenbibliothek einrichten
- Themen auswählen

Zu jeder Doppelseite könnt ihr immer auch:

- einen Text abschreiben,
- Bilder malen und beschriften,
- forschen,
- kleine Vorträge vorbereiten und halten,
- ein Plakat gestalten,
- und ganz wichtig: eigene Ideen einbringen.

Und so könnt ihr eure Arbeiten sammeln und präsentieren:

Den Jungen Leonardo kennenlernen

Forscher haben nicht viele Informationen über die Kindheit Leonardos gefunden. Zum Zeitpunkt seiner Geburt hatte sicher niemand daran gedacht, dass er einmal berühmt werden würde. Sein Großvater hatte den Tag seiner Geburt in einem Buch notiert.

1 Lies, was Leonardo über sich erzählt.

Ich lebte vor mehr als 500 Jahren.	
Ich wurde geboren am 15. April 1452.	
Ich beobachtete und zeichnete Vögel, Frösche, Schlangen und andere Tiere.	

Mein Vater war der Notar Ser Piero da Vinci.

Mein Großvater brachte mir Lesen und Schreiben bei.

Meine Mutter war das Bauernmädchen Caterina.

Ich verbrachte eine schöne Kindheit vor allem bei meinen Großeltern, meinem Onkel Francesco und meinem Vater.

Mein Heimatort war Vinci – ein Dorf in der Nähe der Stadt Florenz in Italien.

Ich sah meine Mutter nur selten. Sie hatte einige Zeit nach meiner Geburt einen Bauern geheiratet.

Meine Eltern heirateten nicht.

Ich interessierte mich schon als kleiner Junge für die Natur.

Zeichnen machte mir viel Freude.

Ich hatte viel Freiheit und lief oft durch die Wälder und am Fluss Arno entlang.

Mein Onkel Francesco erzählte mir viel über die Tiere und Pflanzen in der Umgebung.

2 Ergänze die Sätze, die Leonardo über sich sagen könnte.
Suche zunächst auf Seite 6 die passenden Felder und
rahme sie in der jeweiligen Farbe ein.

◼ Geboren wurde ich am _____

◼ Mein Heimatort war _____

◼ Meine Mutter war _____

◼ Mein Vater war _____

◼ Meine Eltern _____

◼ Mein Großvater _____

_____

◼ Mein Onkel Francesco _____

_____

_____

◼ Ich beobachtete und zeichnete oft _____

_____

_____

◼ Ich hatte eine Kindheit mit viel Freiheit und _____

_____

_____

3 Welche Fragen hättest du Leonardo gern gestellt?

Eine Geschichte über Leonardos Talente lesen

1 Lies die folgende kleine Geschichte.

> Einmal, als Leonardo noch ein Kind war, kam ein Bauer zu seinem Vater Ser Piero. Der Bauer bat ihn, ein hölzernes Schild mit nach Florenz in die Stadt zu nehmen, um es dort von einem Maler kunstvoll bemalen zu lassen. Ser Piero jedoch, der wusste, wie gut Leonardo zeichnen konnte, nahm das hölzerne Schild nicht mit nach Florenz, sondern gab es seinem Sohn.
>
> Leonardo überlegte, was er darauf malen sollte, und hatte bald schon eine Idee. Er schleppte Eidechsen und Schlangen, Falter und Heuschrecken und sogar Fledermäuse in sein Zimmer und begann nach ihrem Vorbild ein scheußliches Ungeheuer auf das Schild zu malen, ein Monstrum, dem Feuer und Rauch aus Augen und Nasenlöchern sprühten.
>
> Als der Vater das Bild sah, erschrak er so sehr, dass er am liebsten aus dem Zimmer gelaufen wäre. Dieses Bild war ja das reinste Wunderwerk. Der Vater verkaufte es heimlich für die enorme Summe von einhundert Dukaten nach Florenz.
>
> Für den Bauern besorgte er ein neues Holzschild, auf dem ein Herz gemalt war, das von einem Pfeil durchbohrt wird. Er gab es dem Bauern, der ihm sein Leben lang dafür dankbar war.
>
> *Brigitte Jünger*

2 Unterstreiche in **1**, was Leonardo auf das Schild gemalt hat.

> Finde heraus, auf welcher Euro-Münze ein Teil einer Zeichnung von Leonardo zu sehen ist. Vielleicht kannst du eine solche Münze mitbringen.

❸ Bemale das Schild wie Leonardo. Du kannst es auch mit eigenen Ideen gestalten.

Erfahren, was Leonardo alles lernt

1 Sieh dir das Bild an und lies den Text.

Im Jahr 1469 war Leonardo 17 Jahre alt. Er begann als Lehrling in der Werkstatt von Verrocchio (sprich: Werrotscho) in Florenz zu arbeiten. Dort sollte er nach und nach viele Dinge lernen. Am Anfang musste er einfache Arbeiten erledigen, zum Beispiel Putzen und Fegen. Nach und nach lernte er andere Bereiche besser kennen: die Malerei, Bildhauerei, Goldschmiedekunst, die **Architektur** und vieles andere mehr. Er zeigte dabei immer wieder seine große Begabung.

Leonardo lernte während dieser Zeit auch andere begabte Künstler kennen. Nach dem Abschluss seiner Ausbildung blieb er noch viele Jahre bei Verrocchio.

2 Erzählt euch gegenseitig, welche Arbeiten auf dem Bild zu sehen sind.

Am Ende seiner Ausbildung hat Leonardo viel gelernt.

3 Ergänze, was Leonardo nun alles kann.
Die folgenden Beispiele sowie Bild und Text in ❶ helfen dir dabei.

| Werkstatt putzen und fegen | | Bilder einrahmen |

| Gefäße aus Ton herstellen | ... |

Putzen und fegen kann ich auch!

Was ich, Leonardo, nun alles kann

so schwierig ist das

◯ Ich kann *die Werkstatt putzen und fegen.*

◯ Besonders gut kann ich _____

◯ Ich kann _____

◯ Auch kann ich _____

◯ Ich habe gelernt, _____

4 Entscheide, wie schwierig du Leonardos Aufgaben in ❸ findest.
Male die Kreise in der entsprechenden Farbe aus:
● leicht, ● mittel, ● schwer.

5 Vergleicht eure Ergebnisse in ❸ und ❹.

11

In Leonardos Notizbücher blicken

1 Lies den Text und sieh dir das Bild an.

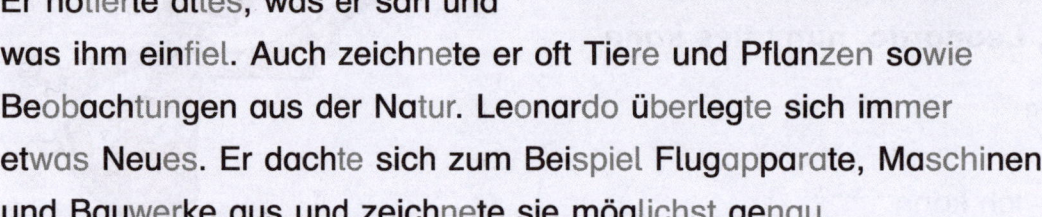

Leonardos Notizen

Schon als kleiner Junge hatte Leonardo immer ein kleines Notizbuch an seinem Gürtel dabei.

Ständig schrieb und zeichnete er. Er notierte alles, was er sah und was ihm einfiel. Auch zeichnete er oft Tiere und Pflanzen sowie Beobachtungen aus der Natur. Leonardo überlegte sich immer etwas Neues. Er dachte sich zum Beispiel Flugapparate, Maschinen und Bauwerke aus und zeichnete sie möglichst genau.

Leonardo schrieb sehr ausführlich und seine Seiten sind meist sehr eng beschrieben. Gern machte er sich auch Notizen in Spiegelschrift. Was mag der Grund dafür gewesen sein? Er schrieb mit der linken Hand. Wenn er in Spiegelschrift von rechts nach links schrieb, konnte er die Tinte nicht verwischen. Vielleicht sollten aber auch andere seine Notizen nicht sofort lesen können.

Leonardo sammelte viele Tausend Seiten seiner Notizen. Manche Seiten wurden später zu Büchern gebunden. Man kann sie heute in Museen in England, Frankreich und Italien sehen.

2 Unterstreiche in ❶ die beiden Gründe, warum Leonardo vielleicht in Spiegelschrift schrieb.

Spiegelschrift ist gar nicht so einfach zu lesen!

3) Lies die Wörter in Spiegelschrift. Schreibe sie richtig auf.

Leonardo
Notizbuch
Pflanzen
Zeichnung
Spiegelschrift
Museum

Leonardo

4) Schreibe deinen Namen und den Namen einer Freundin und eines Freundes in Spiegelschrift auf.

5) Gestaltet selbst eine Seite wie die aus Leonardos Notizbuch.

a) Bereitet eine Kanne mit einem starken schwarzen Tee zu.

b) Nehmt einen dicken Pinsel und färbt mit dem Tee einen Bogen Papier ein. Lasst es trocknen.

c) Zeichnet mit Farbstiften in Schwarz oder Braun eure Beobachtungen aus der Natur oder eigene Ideen auf das Papier.

d) Schreibt dazu wie Leonardo einige Wörter in Spiegelschrift auf. Kontrolliert mit einem Spiegel.

e) Wenn ihr Lust habt, könnt ihr eure Zeichnungen noch mit Buntstiften oder Wasserfarben anmalen.

Die Blätter aus Leonardos Notizbüchern sind in großen Museen zu sehen. Findet heraus, in welchen Museen sie liegen.

Träume vom Fliegen und von Fluggeräten

Seit seiner Jugend träumte Leonardo vom Fliegen.
Er soll gesagt haben: „Seit damals, als ich in der Wiege lag
und mich ein Milan mit seiner Schwanzfeder berührt hat."
Leonardo war überzeugt, dass man von den Vögeln
das Fliegen lernen könnte. Er wusste aber, dass er eine
Maschine zum Fliegen brauchen würde.

1 Lies die Texte und sieh dir die Bilder an.

Viele Stunden beobachte ich die Vögel, Insekten
und Fledermäuse beim Fliegen. Ich will genau wissen,
wie sie fliegen und landen. Ich zeichne alles auf.
Die Zeichnungen sammle ich in meinem Büchlein
über den Vogelflug.

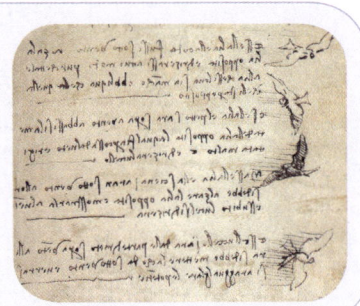

Ich will Flügel erfinden und bauen. Ich überlege,
ob ein Mensch damit fliegen könnte. Ich will mir
große Flügel oder eine Flugmaschine bauen.
Alle würden staunen und jubeln. Mein Traum
würde Wirklichkeit werden. Ich träume davon,
vom Berg bis in die Stadt zu fliegen.

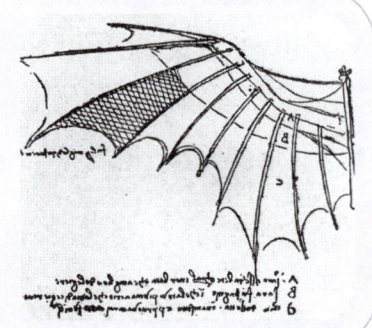

Auch mit einer „Luftschraube" könnte ich fliegen.
Sie würde sich hoch in die Luft drehen.
Aber leider fehlt mir noch das Material für so einen
„Hubschrauber". Vielleicht können die Menschen
in späteren Zeiten so etwas bauen und damit fliegen.

2 Schlüpfe in die Rolle Leonardos.
Erzähle einem anderen Kind von seinen Träumen.
Beginne so: „**Ich möchte so gern …**"

3 Schreibe einen Text aus ❶ sorgfältig ab. Kontrolliere nochmals.

4 Zeichne die „Luftschraube" aus ❶ oder ein eigenes besonderes Fluggerät.

Leonardo auf eine Zeitreise mitnehmen

1 Sieh dir die Bilder an und lies den Text mehrmals.

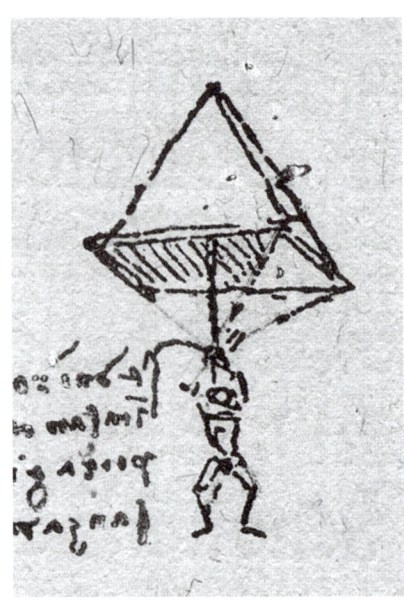

Leonardo da Vinci

Leonardo hatte sich den ersten Fallschirm im Jahr 1485 ausgedacht und gezeichnet. Sein Fallschirm sollte aus Tüchern und einem Holzgerüst bestehen.
Neben seiner Zeichnung notierte er: „Wenn du einen Tuchsack 11 **Ellen** lang, 11 Ellen breit und 11 Ellen hoch hast, so kannst du aus jeder Höhe springen, ohne Schaden zu nehmen."
Er probierte seine Idee aber nicht aus.

Der Brite **Adrian Nicholas** war ein guter Fallschirmspringer. Mit seinem Team baute er den Leonardo-Fallschirm aus Tüchern und Holz genau nach. Das Gerät hatte die Form einer **Pyramide** und wog 85 kg. Experten glaubten nicht, dass der Sprung mit diesem Gerät gelingt. Aber Nicholas vertraute der Idee Leonardos. Am 26. Juni 2000 sprang er in 3000 Metern Höhe aus einem Heißluftballon ab. Sein Leonardo-Fallschirm trug ihn sicher zur Erde. Mit Hilfe eines Zusatzschirmes konnte er auch sanft landen.

Olivier Vietti-Teppa

Der Schweizer **Olivier Vietti-Teppa** wollte beweisen, dass man mit Leonardos Fallschirm auch sanft landen kann.
Er baute ihn fast genau nach Leonardos Vorlage, verwendete aber moderne und leichtere Materialien. Am 18. April 2008 sprang er mit seinem Fallschirm aus einem Hubschrauber und landete sicher. Nach der Landung sagte er über den Fallschirm: „Er funktionierte perfekt. Es war zwar nicht möglich, ihn zu lenken, aber er glitt anmutig zum Erdboden: **A perfect jump.**"

2 Unterstreiche in den drei Textabschnitten in ❶ die wichtigsten Informationen.

3 Notiere in den Rahmen die wichtigsten Informationen aus ❶ in Stichwörtern.

Leonardo

– Entwurf im Jahr 1485

Adrian Nicholas

Olivier Vietti-Teppa

Informiert euch über moderne Fallschirme. Was ist da anders?

17

Maschinen erfinden

Leonardo war in vielen Dingen seiner Zeit weit voraus und machte unglaubliche Erfindungen. In seinen Gedanken und auf dem Papier baute er Maschinen, ohne sie jemals ausprobieren zu können. So mussten sie Jahrhunderte später noch einmal entworfen werden. Für viele seiner Ideen fehlten in der damaligen Zeit noch die Technik, die Werkzeuge und die Materialien, um sie herstellen zu können. Die Menschen konnten lange nur die Kräfte von Menschen und Tieren sowie die Kräfte von Wasser und Wind nutzen. Außerdem verstanden damals die Menschen Leonardos Erfindungen meistens nicht.

  1 Schreibt die Bezeichnungen passend zu Leonardos Entwürfen.

| Verladekran | Bohrmaschine | Wasserschraube |

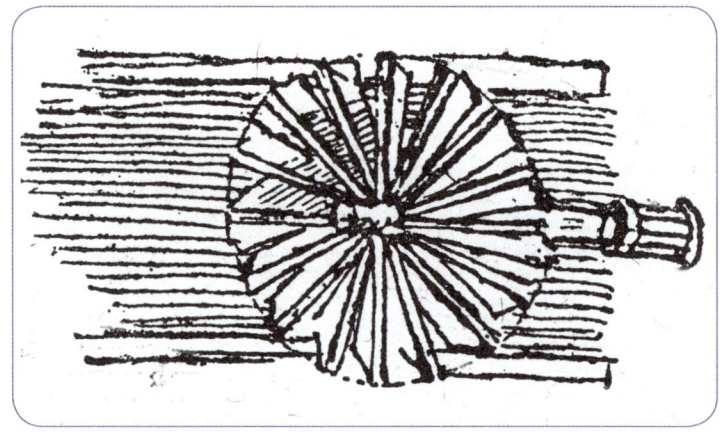

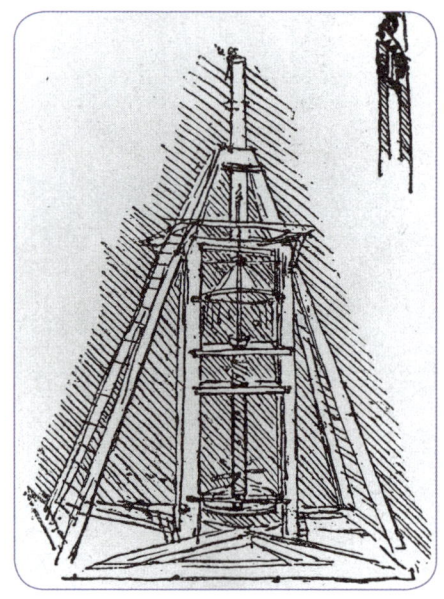

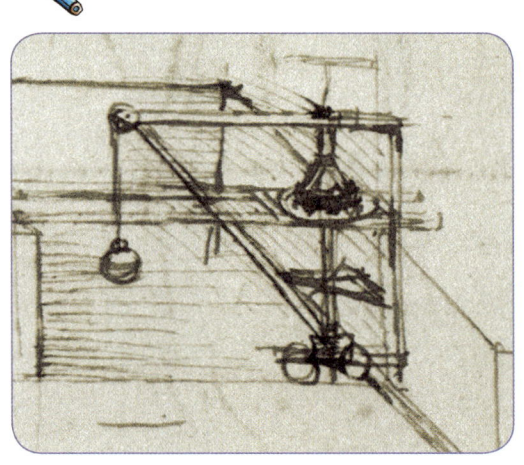

2 Denke dir zwei Maschinen aus, die du dir für die Zukunft wünschst. Zeichne und beschrifte deine Maschinen.

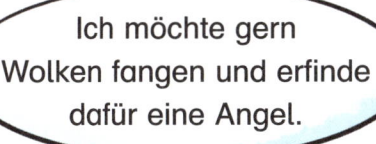

Meine Erfindungen

Erfindung 1: _____

Erfindung 2: _____

Medien über Leonardo kennenlernen und vorstellen

1 Lies die Klappentexte aus einem Buch und einer CD über Leonardo.

Ich habe mir das Buch „Der geheime Flug des Leonardo" von Mary Pope Osborne ausgeliehen.

In einer aufregenden Zeitreise treffen Anne und Philipp den berühmten Maler und Erfinder Leonardo da Vinci. Sie dürfen einen ganzen Tag mit ihm verbringen und sind begeistert. Mit Leonardo durchstreifen sie seine Heimatstadt Florenz und er zeigt ihnen seine faszinierenden Erfindungen und Kunstwerke.

Doch Leonardo schwebt in großer Gefahr: Er plant einen Flugversuch mit seiner selbstgebauten Flugmaschine – und riskiert dabei sein Leben!

Wie verbrachte Leonardo ... seine Kindheit in dem kleinen Dorf Vinci? Wer förderte seine vielen Talente? Woher nahm er seine Ideen und den Antrieb, die verrücktesten Dinge auszuprobieren? Welche Geschichte verbirgt sich hinter dem geheimnisvoll lächelnden Gesicht der Mona Lisa?
Und welche Bedeutung hat eigentlich das schöne Wort **sfumato**?
Fragen über Fragen, die in diesem Hörspiel für Kinder beantwortet werden.

2 Schaut nach, ob ihr Bücher über Leonardo und seine Zeit in eurer Bücherei habt. Schreibt die Titel auf.

3 Wähle ein Buch oder eine CD über Leonardo aus. Ergänze diese Seite.

Titel: _____

Autor/Autorin: _____

Verlag: _____

Erschienen im Jahr: _____

Darum geht es: _____

_____

_____

Das finde ich besonders interessant: _____

_____

_____

Das ist mir aufgefallen: _____

_____

_____

Ich finde gut / nicht gut, dass _____

_____

_____

4 Stelle das Buch mit Hilfe der Infos aus ❸ anderen Kindern vor.

5 Suche dir in deinem Buch eine Stelle aus, die dir besonders gut gefällt. Male dazu auf einem Blatt.

Die geheimnisvolle Mona Lisa kennenlernen

1. Betrachtet in Ruhe das Bild und lasst es auf euch wirken. Besprecht eure Eindrücke.

Es ist bis heute ein Geheimnis, wer Mona Lisa wirklich war und warum Leonardo das Bild niemals verkaufte.

2 Lies den Text,
den Mona Lisa über sich geschrieben haben könnte.

> **Kennst du mich?**
>
> Vielleicht brauche ich mich gar nicht mehr vorzustellen, denn mein Gesicht und mein Name sind bekannt. Man kennt mich als Mona Lisa. Mein Bild ist vielleicht das berühmteste Gemälde der Welt. Es ist 77 cm hoch, 53 cm breit und hängt heute im Louvre in Paris. Leonardo da Vinci malte es zwischen 1503 und 1506.
>
> Mein richtiger Name ist Lisa del Giocondo. Vielleicht kam Leonardo deshalb auf die Idee, mich lächelnd zu malen, denn „La Gioconda" ist Italienisch und bedeutet „die Heitere". Mein Ehemann Francesco war ein vornehmer Kaufmann in Florenz. Er freute sich sehr über die Geburt unseres ersten Sohnes. Deshalb gab er Leonardo den Auftrag, mich zu malen. Doch Francesco bekam das Bild nie zu sehen. Leonardo liebte das Bild so sehr, dass er es einfach behielt. Erst kurz vor seinem Tod schenkte er es dem König von Frankreich.
>
> Für dieses Bild musste ich über drei Jahre oft in Leonardos Atelier kommen. Ganz schön anstrengend! Mein Lächeln war ihm sehr wichtig, wenn er mich malte. Er sorgte also dafür, dass immer jemand dabei war, der sang oder Unsinn machte.
>
> Millionen von Menschen besuchen jedes Jahr den Louvre in Paris. Dort hängt mein Bild hinter dickem Glas. Aber nicht immer war der Louvre so gut gesichert wie heute. So konnte im August 1911 ein Dieb mein Bild stehlen. Erst nach zwei Jahren fand man das Bild in Italien wieder und brachte es zurück in den Louvre. Eine französische Schriftstellerin schrieb über mein Bild: „Wer sie nur kurz gesehen hat, kann sie nie wieder vergessen."

3 Unterstreiche im Text alle Informationen über die Person Mona Lisa rot und die über das Bild Mona Lisa blau.

Über Mona Lisa ein Abecedarium schreiben

1 Sieh dir nochmals die Mona Lisa auf Seite 22 an.
Lies den Text auf Seite 23.
Ergänze das Abecedarium.

Mona-Lisa-Abecedarium

A alt

B

C

D

E

F

G

H

I

J

K

L

M

N

O

P

Qu

R

S

T

U

V

W

XYZ

2 Tragt euch eure Abecedarien gegenseitig vor und vergleicht sie.
Ergänzt Wörter, die noch fehlten.

Das Porträt einer Dame betrachten

1 Sieh dir das Bild an.
Lies die Informationen daneben.

Die Dame mit dem Hermelin

– entstanden 1489/90

– mit Ölfarben auf Holz gemalt

– nur 40 × 55 cm groß

– Porträt der 17-jährigen Cecilia Gallerani

– Sie lebte am Hof des Herzogs von Mailand.

– Das Bild gehört dem Nationalmuseum in Krakau.

2 Wähle zwei der folgenden Fragen aus und kreuze sie an.
Antworte in mehreren Sätzen.

○ Was gefällt dir an dem Bild?

○ Was würdest du an dem Bild ändern?

○ Was fällt dir zu dem Bild ein?

○ Was würdest du Cecilia gern sagen?

Das Bild „Das Abendmahl" verstehen

1 Sieh dir das Bild an.

2 Lies, was ein Führer im Museum zu diesem Bild erzählt.

Ich begrüße Sie im Kloster Santa Maria in Mailand. Sie stehen hier vor einem berühmten Werk: Es ist Leonardos Wandgemälde „Das Abendmahl". Leonardo begann damit im Jahre 1495 und malte vier Jahre lang an diesem **Fresko**. An manchen Tagen malte er von morgens bis abends auf dem Gerüst. An anderen Tagen ging er in die Stadt und suchte nach passenden Gesichtern für sein Bild. Diese zeichnete er dann in sein Notizbuch.
Er wollte ein ganz besonderes Bild vom letzten Abendmahl Jesu mit seinen Aposteln malen. Es sollte die Gefühle jedes Einzelnen zeigen. Betrachten Sie von links die **Apostel** Bartholomäus, Jakobus, Andreas, Judas, Petrus, Johannes, dann in der Mitte Jesus und im Anschluss die anderen Apostel Thomas, Jakobus den Älteren, Philippus, Matthäus, Thaddäus, Simon. Leonardo zeigt den Moment, in dem Jesus den Aposteln erklärte: „Einer von euch wird mich verraten!" Sicher können Sie sich vorstellen, wie schockiert die Apostel auf diese Worte reagierten. Ihr Entsetzen wollte Leonardo in ihren Gesichtern und Bewegungen zeigen. „Meint Jesus das wirklich? Das kann doch nicht wahr sein. Wie kann er einem von uns so etwas zutrauen? Meint er vielleicht sogar mich?" Diese Stimmung sollte aus dem Bild sprechen.

3 Übe mehrmals, den Text zu 2 zu lesen.
Schlüpfe dann in die Rolle eines Führers und lies ihn betont vor.

4 Überlegt, was die Apostel alles gesprochen und gerufen haben könnten. Schreibt es in die Sprechblasen.

Im Text auf Seite 26 sind schon einige Beispiele.

5 Stellt Leonardos Bild nach.

6 Macht ein Foto, wenn ihr das Bild nachstellt.

Leonardos Stationen in Italien kennenlernen

1 Lies den Text.
Unterstreiche den Satz, in dem vier Städte genannt werden.

Die meisten Menschen der damaligen Zeit sahen nicht viel von der Welt. Doch Leonardo machte anstrengende Reisen. Er war in Florenz, Mailand, Venedig und Rom. Diese vier Städte in Italien waren wichtige Stationen in seinem Leben.

Den ersten Abschnitt seines Lebens verbrachte Leonardo in Florenz oder in seinem Geburtsort Vinci. Mit etwa 30 Jahren ging er für fast 20 Jahre nach Mailand. Er kam auch nach Venedig und Rom, um dort zu arbeiten. Immer wieder kehrte er aber nach Florenz zurück.

Im Jahr 1515 bekam er eine Einladung des französischen Königs nach Frankreich. Deshalb verließ er Florenz und Italien für immer.

2 Tragt die Namen der italienischen Städte aus **1** richtig ein.
Recherchiert dazu im Internet.

3 Findet heraus, welche Städte und welches Land beschrieben werden. Ordnet durch Nummerieren passend zu.

1 Diese Stadt ist die Hauptstadt Italiens.

2 In dieser Stadt begann Leonardo seine Ausbildung als Künstler.

3 Diese Stadt liegt am Meer und Leonardo reiste gern hierher.

4 In dieser Stadt in Norditalien erfand Leonardo Waffen für den Krieg.

5 Zur Zeit Leonardos bestand dieses Land aus vielen kleinen Ländern.

6 In diesem Dorf wurde Leonardo im Jahr 1452 geboren.

7 Hierher hat ihn der französische König eingeladen.

8 In diese Stadt in Frankreich kommen jedes Jahr viele Menschen, um ein berühmtes Gemälde Leonardos zu bewundern.

[ ] Mailand
[ ] Italien
[1] Rom
[ ] Amboise
[ ] Paris
[ ] Florenz
[ ] Venedig
[ ] Vinci

4 Trage die Orte aus ❸ in das Rätsel ein.

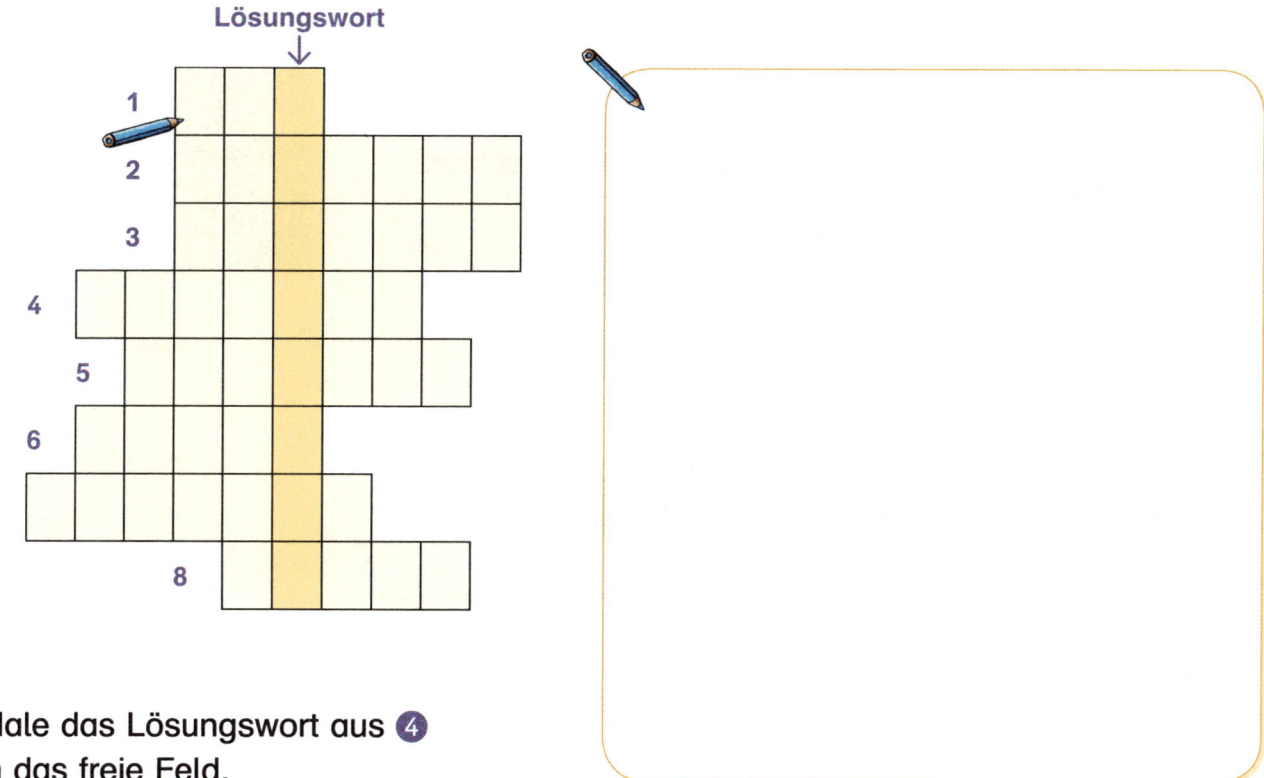

5 Male das Lösungswort aus ❹ in das freie Feld.

29

Den Körper entdecken und betrachten

1 Sieh dir die Bilder an. Lies den Text.

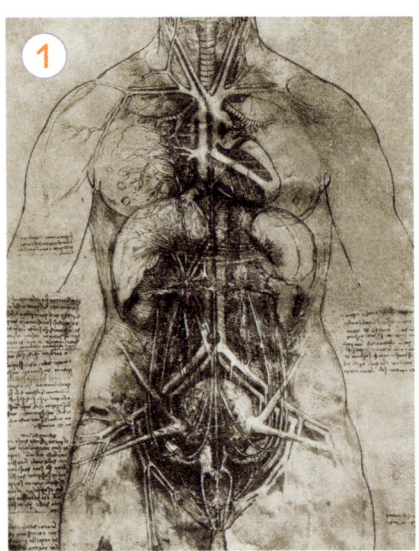

Forschen und verstehen

Leonardo beobachtete Menschen und Tiere.
Er wollte sie ganz genau malen und zeichnen.
Das wollten damals viele Künstler. Doch Leonardo
war besonders neugierig. Er hatte viele Fragen:

Wie sieht es unter der Haut aus?
Wo verlaufen Knochen und Muskeln im Körper?
Was verändert sich bei verschiedenen Bewegungen?
Wie arbeitet das Herz?
Wo befinden sich die einzelnen Organe?

Um auf diese und viele andere Fragen Antworten
zu finden, untersuchte er tote Tiere und Menschen.

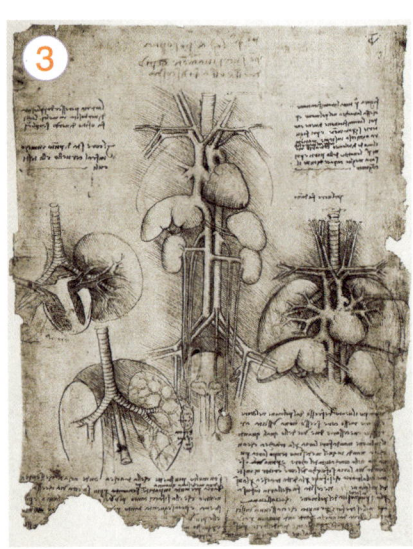

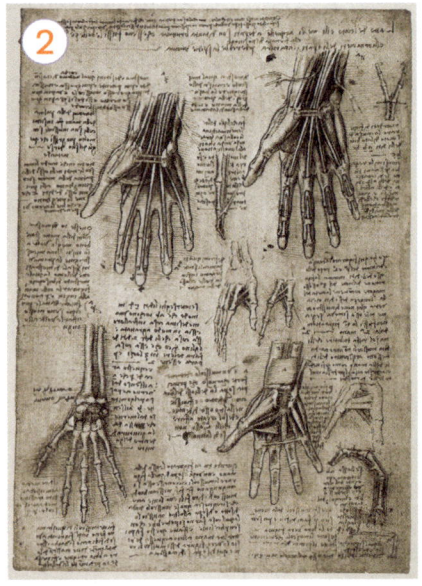

Es war zwar streng
verboten, tote Menschen
zu untersuchen. Aber
Leonardo arbeitete
heimlich. Die Ergebnisse
seiner Forschungen
zeichnete und schrieb
er genau auf.

Hier hat er Herz und
Lunge aufgezeichnet.

2 Gib jedem Bild in **1** eine Überschrift, die Leonardo in seinem Notizbuch aufgeschrieben haben könnte.

1. _____
2. _____
3. _____

> Betrachtet eure Hände bei verschiedenen Bewegungen. Bewegt sie langsam. Macht Fotos bei verschiedenen Bewegungen oder zeichnet eine Hand.

3 Erstellt auf einem großen Plakat ein Abc-Darium über das, was Hände alles können.

4 Wählt aus dem Abc-Darium Verben aus und schreibt dazu kleine Gedichte, z. B. **Elfchen**. Veröffentlicht sie zum Beispiel zusammen mit euren Zeichnungen an einer Stellwand.

> boxen
> geballte Faust
> mit voller Kraft
> ich hole weit aus
> Boxsack

> malen
> dicker Pinsel
> bunte Farben leuchten
> ich schau dich an
> Freude

HÄNDE KÖNNEN ... Ein Abc-Darium
A
B
C
D   dirigieren
E   einwickeln
F
G
H
I
J   jonglieren
K
L
M
N
O
P   pflücken
Qu
R
S   sortieren
...

31

Verschiedene Seiten Leonardos betrachten

1 Lies den Text. Unterstreiche einige wichtige Informationen.

Leonardo hatte viele Seiten

Leonardo lebte in einer Zeit, in der es viele Kriege gab. Im Jahr 1482 bewarb er sich beim mächtigen Herzog von Mailand. Er wollte für den Herzog Geräte für den Krieg bauen. In seiner Bewerbung schrieb er, dass er sich mit Waffen besonders gut auskenne. Er bot ihm verschiedene Waffen und Geräte an, die er bereits erfunden hatte. Sogar ein Panzerwagen war dabei! Du siehst ihn hier auf dem Bild. Leonardo erfand viele Waffen. Er kümmerte sich aber auch darum, dass die Welt besser wurde.

2 Lies und trage ein, wofür Leonardo sich einsetzte:
Menschen (**M**), Tiere (**T**), Frieden (**F**).

Er war **Vegetarier** und konnte Tiere nicht leiden sehen.
Auf dem Markt kaufte er gefangene Vögel, um sie freizulassen.

Leonardo liebte den Frieden. Keine der Waffen, die er erfunden hatte, wurde gebaut. Viele Pläne hielt er auch geheim, damit sie nicht in die Hände der Fürsten gerieten.

Er wollte helfen, das Leben der Menschen zu verbessern.
So beobachtete er das Leben der Menschen in Mailand und erforschte die Ursachen der schrecklichen **Pest**. Sogar die erste Müllabfuhr plante und organisierte er. Er hatte nämlich gemerkt, dass im Müll die Ursache der **Seuche** lag.

3 Lies den Text.

Im Jahre 1504 begann Leonardo das
Wandgemälde der „**Schlacht** von Anghiari".
Im Buch „Mit Anne und Philipp
bei Leonardo da Vinci" findest du
folgenden Abschnitt:

Leonardo stellte seinen Korb ab,
breitete die Arme aus und rief:
„Mein Fresko!" „Wahnsinn", flüsterte
Philipp. Sie befanden sich in einem
ungeheuer großen Saal mit hohen Bogenfenstern und weißen Wänden. …
An der Wand über ihnen war Leonardos riesiges Gemälde zu sehen: Männer
auf Pferden kämpften um eine Fahne. Grimmig hieben die Männer mit ihren
Schwertern aufeinander ein, ihre Gesichter waren wutverzerrt. Selbst die
Pferde sahen wild und zornig aus. „Die Stadt bezahlt mich dafür, dass ich
hier eine Szene aus einer Schlacht male, die einst bei der Verteidigung von
Florenz ausgetragen wurde", erklärte Leonardo.

„Sie wollten eigentlich, dass ich diese Schlacht als **Ruhmestat** darstelle.
Aber ich bin überzeugt, dass Krieg immer ein bestialischer Wahnsinn ist.
Ich hoffe, das sieht man auf meinem Bild." „Oh ja, das sieht man",
bestätigte Anne. Philipp nickte. Dieses Bild machte ihm richtig Angst.

Mary Pope Osborne

4 Unterstreiche in ❸ mit verschiedenen Farben:

– was Leonardo spricht rot,
– was Anne spricht grün,
– was Philipp spricht gelb,
– alles, was der Erzähler spricht, blau.

5 Lest den Text in ❸ mit verteilten Rollen.

Ihr könnt das Gespräch auch mit eigenen Ideen fortsetzen.

Die Zeit Leonardos auf einer Zeitleiste darstellen

1 Lies den Text auf dieser und auf der rechten Seite.

Eine spannende Zeit

Leonardo wurde im Jahr 1452 geboren. Er lebte in einer spannenden Zeit, die man auch **Renaissance** nennt. Das **Mittelalter** ging zu Ende und die **Neuzeit** begann. Das Wissen der **Antike** wurde neu entdeckt, z. B. über Mathematik oder Architektur. Die Menschen in Leonardos Zeit fingen an, Fragen zu stellen, zu forschen und die Welt zu entdecken. Kolumbus gelangte im Jahr 1492 nach Amerika. Johannes Gutenberg erfand um das Jahr 1450 den Buchdruck. Nun konnte man Texte besser verbreiten und musste sie nicht mehr mit der Hand abschreiben.

2 Unterstreiche in ❶ alle Namen rot und alle Jahreszahlen blau. Ergänze die Jahreszahlen in den gelben Feldern.

3 Verbinde jedes gelbe Feld auf dieser Doppelseite mit der passenden Jahreszahl in der Zeitleiste.

Im Jahr _____:

Kolumbus segelt bis nach Amerika.

Im Jahr _____:

Leonardo wird geboren.

Um das Jahr _____:

Gutenberg erfindet den Buchdruck.

1450   1460   1470   1480

MITTELALTER...

Kopernikus verkündete um das Jahr 1509 etwas ganz Neues: Er sagte, die Erde drehe sich um die Sonne. Das konnte man damals kaum glauben. Martin Luther befasste sich mit der Bibel und veröffentlichte im Jahr 1517 seine Gedanken dazu, die die **Reformation** einleiteten. Im Jahr 1519 segelte Magellan als Erster um die ganze Welt.

Leonardo hat in seinem Leben viel erlebt, viel gesehen und viele Werke geschaffen. Er starb im Jahr 1519 in Frankreich.

4 Entscheidet euch für einen **Zeitgenossen** Leonardos. Recherchiert Informationen und erstellt ein Plakat zu der Person.

Im Jahr _____:
Mit Luther beginnt die Reformation.

Im Jahr _____:
Magellan segelt als Erster um die Welt.

Im Jahr _____:
Kopernikus sagt, die Erde drehe sich um die Sonne.

Im Jahr _____:
Leonardo stirbt.

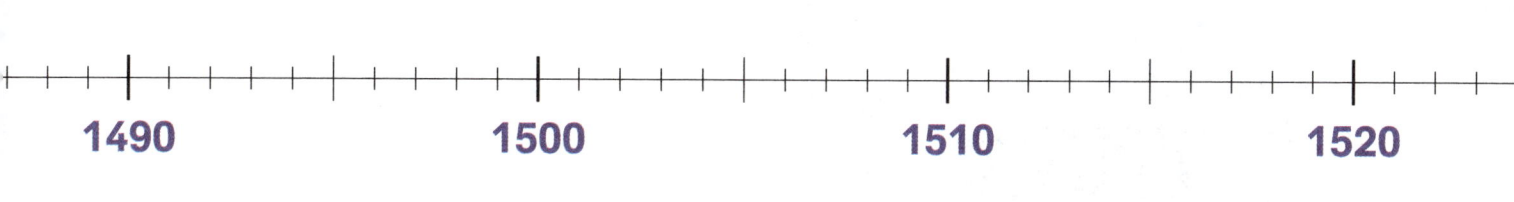

... N E U Z E I T ...

35

Leonardo heute

 1 Recherchiert, welche Bilder und Zeichnungen Leonardos in großen Museen Europas zu sehen sind. Füllt die Lücken aus.

Louvre

Land: Frankreich

Stadt: _____

Werk: _____

Alte Pinakothek

Land: _____

Stadt: _____

Werk: _____

Spanische Nationalbibliothek

Land: _____

Stadt: _____

Werk: _____

National Gallery

Land: _____

Stadt: _____

Werk: _____

Uffizien

Land: _____

Stadt: _____

Werk: _____

Über das Projekt nachdenken

1 Trage deine Gedanken über das Projekt in die Felder ein.

| Das hat mir viel Spaß gemacht | Das möchte ich mir merken |

| Das ist uns gut gelungen |

| Das möchte ich noch zum Projekt sagen |

2 Setzt euch zusammen und tauscht euch dazu aus.

Glossar

Ein **Glossar** ist ein Wörterverzeichnis.
Es bietet wie ein kleines Lexikon Erklärungen zu Stichwörtern.
In diesem Glossar findet ihr alle **fett lila gedruckten Wörter** dieses Heftes.

 **1** Ergänzt dieses Glossar auf einem Blatt mit weiteren Wörtern und Erklärungen, die euch während der Projektarbeit begegnen.

A perfect jump – (englisch) der perfekte Sprung

die Antike – Damit meint man meist die Zeit der alten Römer und Griechen vom Jahr 800 vor Christus bis zum Jahr 600 nach Christus.

die Apostel – Die zwölf Freunde Jesu nennt man auch Apostel. Sie zogen mit ihm durch das Land, um den Menschen von Gott zu erzählen.

die Architektur – Sie ist die Kunst und die Technik, alle Arten von Gebäuden für die Menschen zu planen und zu bauen: Wohnhäuser, Schulen, Fabriken, bis hin zu ganzen Stadtteilen. Ein Architekt kommt auch auf die Baustelle und überwacht, dass alles vorankommt.

der Bildhauer / die Bildhauerin – Sie sind Handwerker und Künstler. Sie bearbeiten mit einem Hammer und anderen Werkzeugen vor allem große Steine. So stellen sie kunstvolle Figuren her, z. B. Menschen und Tiere.

die Elle – Die Elle ist eine alte Maßeinheit. Sie entspricht etwa 55–85 cm Länge. Man hat den Unterarm eines Mannes als Maß genommen, und zwar vom Ellbogen bis zur Spitze des Mittelfingers.

das Fresko – Ein Fresko ist ein Bild, das auf eine frische, noch nasse Wand gemalt wird. Das Wort „fesco" bedeutet „frisch".

das Hermelin – Hermeline sind Raubtiere und gehören zur Familie der Marder. Man nennt sie auch Wiesel. Aus ihrem weißen Winterpelz wurden früher die Pelzmäntel für Könige gemacht.

Krakau – Krakau ist die zweitgrößte Stadt Polens. Im Jahr 2000 war sie europäische Kulturhauptstadt.

der Louvre – Dieses Museum in Paris gehört zu den bekanntesten und größten in der Welt. Jedes Jahr besuchen neun Millionen Menschen die Ausstellungen. Für Kinder aus der Europäischen Union (EU) ist der Eintritt frei.

der Milan – Er ist ein mittelgroßer Greifvogel. Man erkennt ihn an seinem Schwanz, der aussieht wie ein V.

das Mittelalter – So nennt man die Zeit vom Jahr 500 nach Christus bis zum Jahr 1500 nach Christus. Es war die Zeit der Ritter und Burgen. Viele Menschen lebten aber sehr einfach auf dem Land.

die Neuzeit – Nach dem Mittelalter begann die Neuzeit. Sie dauert bis heute. Leonardo lebte in der Übergangszeit vom Mittelalter zur Neuzeit.

die Pest – Die Pest war eine sehr ansteckende und gefährliche Krankheit. Von Ratten über Flöhe wurde sie auf den Menschen übertragen. Die Kranken bekamen blau-schwarze Beulen auf der Haut, hatten starke Schmerzen und hohes Fieber. Zu Leonardos Zeiten starben sehr viele Menschen an der Pest. Heute ist diese Krankheit fast ausgerottet.

die Pyramide – In Pyramiden wurden im Alten Ägypten die Könige begraben. Eine Pyramide ist aber auch eine Form, die in der Mathematik vorkommt.

die Reformation – Mit Martin Luther begann die Reformation (1517–1648). Die Kirche sollte verändert werden. Bis zu dieser Zeit gab es nur die Katholische Kirche. Es gab Streit und Krieg. Schließlich entstand die Evangelische Kirche.

die Renaissance – Renaissance ist ein französisches Wort (sprich: *re–näss–sons*). Es bedeutet „Wiedergeburt". Gelehrte, Baumeister und Künstler schauten auf die Antike und belebten die Ideen der Antike neu.

die Ruhmestat – Eine Tat, die z.B. im Krieg als besonders mutig und ehrenvoll gesehen wird, kann man auch Ruhmestat nennen.

die Schlacht – Einen Kampf im Krieg nennt man auch Schlacht.

die Seuche – Seuchen sind gefährliche, ansteckende Krankheiten. Bei einer Seuche sterben meist viele Tausend Menschen. Im Mittelalter war die Pest die schlimmste Seuche.

sfumato – Sfumato ist Italienisch und bedeutet „rauchig". Leonardo hatte die Idee, so zu malen. Landschaften im Hintergrund seiner Bilder wirken oft geheimnisvoll und weich wie im Nebel.

die Vegetarier – Vegetarier sind Menschen, die kein Fleisch und keinen Fisch essen, wohl aber Eier und Milchprodukte.

die Zeitgenossen – Zeitgenossen sind Menschen, die ungefähr zur gleichen Zeit leben.

Projektheft
Leonardo da Vinci

Herausgegeben von:	Roland Bauer, Jutta Maurach
Erarbeitet von:	Annette Schumpp
Redaktion:	Martina Schramm, Milena Schulze
Illustration:	Yo Rühmer, Frankfurt am Main
Umschlaggestaltung:	Cornelia Gründer, agentur corngreen, Leipzig
Layout und technische Umsetzung:	lernsatz.de

www.cornelsen.de

1. Auflage, 1. Druck 2020

Alle Drucke dieser Auflage sind inhaltlich unverändert und können im Unterricht nebeneinander verwendet werden.

© 2020 Cornelsen Verlag GmbH, Berlin

Das Werk und seine Teile sind urheberrechtlich geschützt. Jede Nutzung in anderen als den gesetzlich zugelassenen Fällen bedarf der vorherigen schriftlichen Einwilligung des Verlages. Hinweis zu §§ 60a, 60b UrhG: Weder das Werk noch seine Teile dürfen ohne eine solche Einwilligung an Schulen oder in Unterrichts- und Lehrmedien (§ 60b Abs. 3 UrhG) vervielfältigt, insbesondere kopiert oder eingescannt, verbreitet oder in ein Netzwerk eingestellt oder sonst öffentlich zugänglich gemacht oder wiedergegeben werden. Dies gilt auch für Intranets von Schulen.

Druck: Parzeller print & media GmbH & Co. KG, Fulda

ISBN 978-3-06-084387-9

Dieses Heft ist Bestandteil des Pakets „Einsterns Schwester 4 leicht gemacht" (ISBN 978-3-06-084381-7) und kann auch einzeln bestellt werden.

PEFC zertifiziert
Dieses Produkt stammt aus nachhaltig bewirtschafteten Wäldern und kontrollierten Quellen.
www.pefc.de